Echo et Narcissus

Mythologiae

1

Level: E

Extensive Reading Foundation Scale: Beginner Early

BEGINNER				ELEMENTARY			INTERMEDIATE		
ALPHABET	EARLY	MID	HIGH	EARLY	MID	HIGH	EARLY	MID	HIGH
50	100	200	300	400	600	800	1000	1250	1500

This book has 81 headwords (2 cognates and 5 proper nouns),
221 word forms, and 1185 total words.

Echo

et

Narcissus

A Latin Novella

Rachel Ash

Liber emendatus a
Christopher Buczek
et
Kira McBride

STORYBASE
• BOOKS •

Published by Storybase Books
Peachtree Corners, GA

www.storybasebooks.com

Publisher's Cataloging-in-Publication
(Provided by Cassidy Cataloguing Services, Inc.)

NAMES: Ash, Rachel, author, illustrator. |
Based on (work): Ovid, 43 B.C.-17 A.D. or 18 A.D. Metamorphoses. |
Buczek, Christopher, editor. | McBride, Kira, editor.
TITLE: Echo et Narcissus : a Latin novella / Rachel Ash ;
liber emendatus a Christopher Buczek and Kira McBride.
DESCRIPTION: [First edition]. | Peachtree Corners, GA : Storybase Books,
[2024] | Series: Mythologiae ; 1. | Audience: Latin language learners
(classroom and independent).
IDENTIFIERS: LCCN: 2024937169 | ISBN: 9781963471625 (paperback) |
9781963471236 (ebook)
SUBJECTS: LCSH: Latin language—Readers—Mythology. |
Latin language—Study and teaching. |
Mythology, Classical—Fiction. |
Mythology, Classical—Readers. |
Narcissus (Greek mythological character)—Fiction |
Echo (Greek mythology)—Fiction. |
BISAC: FOREIGN LANGUAGE STUDY / Latin. |
FOREIGN LANGUAGE STUDY / Ancient Languages. |
LANGUAGE ARTS & DISCIPLINES / Readers.
CLASSIFICATION: LCC: PA2095 .A733 2024 | DDC: 478.2/421—DC23

attenuatus amore liquitur

Publius Ovidius Naso,
Metamorphoses 3.489–90

Made weak with love, he melts away

Ovid,
Metamorphoses 3.489–90

Contents

Preface

Years ago, friends and I discussed the sheer creepiness with which Ovid describes the withering away of Echo's body: an almost gleeful exploration of the loss of her agency in her captivity within Narcissus' beauty. Narcissus' decomposition, too, is described in detail, but much more mildly, like a withering fruit or wax candle coming to an end.

This stuck with me.

I was also stuck on a hope to create a low-word-count reader with lots of thematic movement. I'll admit this was in 2017, and while I wrote *Echo et Narcissus* in the same year, it has taken me a long while to get around to publishing it. A lot of Latin readers with very limited word counts have come out since then, and I appreciate them and what they have brought to my classes.

I am very happy to be bringing my own contribution out now, at last.

My goals with *Echo et Narcissus* were:

1. To write a story that would be engaging and sympathetic to Echo. I have had students bring up an interesting question: is it possible that, by distracting Juno from yet another of Jupiter's affairs, she's being a good friend? Juno can't stop him, won't leave him, so what good does it do her to know every time he steps out?

2. To write a story that is playful about Narcissus. And maybe a little sympathetic. It must be horrifying to always be surrounded by people who want you.

3. To shelter vocabulary as close to 50 words as possible while loosely "echoing" the original Ovid. I wanted a very low base vocabulary so students could read the text with minimal effort and high engagement. There is also a complete Latin-to-English glossary at the end of the book encompassing all forms of all words to be found in the novella. In all ways I would like this reader to be comprehensible and available for independent reading.

Finally, I have arrived at my gratitudes. Thanks goes to my readers and editors, Christopher Buczek and Kira McBride, who helped me read and reread the book to reconsider why I chose particular words, word orders, and constructions. Thanks also goes to my publisher, Brian Gronewoller, who has kept me focused, on point, and served as my first reader and editor, and to my students who will always let me know what they think of my stories!

Rachel Ash
Parkview High School
2024

Ēchō

"rēgīna! rēgīna mea, tibi dīcere volō!" Ēchō ad Iūnōnem, rēgīnam deōrum, **sē ferēbat.**[1] "dē multīs rēbus tibi dīcere volō."

Ēchō tamen rēgīnae dīcere

---

[1] sē ferēbat: *was bringing herself* (Depending on the subject of the sentence, *sē* can mean herself, himself, itself, and themselves.)

nōlēbat; Ēchō **dē Iove**[2]
Iūnōnem dūcere volēbat.
Ēchō manūs deae cēpit et
ad alium locum Iūnōnem
dūcēbat.

post[3] Iūnōnem, Iuppiter,
rēx deōrum, et alia dea sē
ferēbant dē domō deōrum.

Iuppiter saepe aliās deās
amābat; Ēchō saepe dīxit sē
Iūnōnī dīcere velle.

---

[2] dē Iove: *away from Jupiter* (*Iuppiter,*
Iovis: Jupiter's name changes to Jove when
he is not the subject of a sentence.)

[3] post: *behind*

dea misera Iovem **pūnīre**[4] nōn poterat quia Iuppiter rēx deōrum erat. Iūnō tamen **Ēchōn**[5] pūnīre poterat.

---

[4] pūnīre: *to punish*

[5] Ēchōn: Echo is a Latinized Greek name, so it is declined with Greek endings. While it is is often left undeclined in Greek, the Latin poet Statius used the Greek endings in *Silvae* 4.3.63. I have done the same in this novella for the sake of clarity.

"rēgīna mea, dē multīs rēbus tibi dīcere volō!" Ēchō manūs deae cēpit.

Iūnō tamen Ēchōī dīcere nōlēbat. "quae est ista **nympha**?[6] nympha dīcit et dīcit et dīcit; nihil tamen dīcit."

et Ēchō nihil dīxit—nihil dīcere poterat!

"ō nympha misera! tibi crēdidī—iam tamen tibi

---

[6] nympha: *nymph (a minor Greek deity)*

nōn crēdō. iam dē rēbus nihil dīces, nisi homō ante tē dē rēbus dīcit."

Ēchō dīcere volēbat. "dē rēbus dīcit," et iam, "dē rēbus dīcit," et iam,

"dē rēbus dīcit . . .

dīcit . . .

dīcit . . ."

et iam nihil dīxit.

misera   Iūnō   Ēchōn
pūnīverat,[7] et misera nympha
ad terram sē ferēbat.

---

[7] pūnīverat: *had punished*

Narcissus

māter et pater Narcissum vidēbant.

"quam pulcher est! pulchrior quam omnēs in terrā est!" māter Narcissum cēpit et eum ad patrem ferēbat.

"pulchrior quam omnēs

hominēs—quam omnēs dī est!" pater eum vidēbat. "animus meus tamen est miser. Narcissus **tam** pulcher est **ut**[1] omnēs dī eum capere velint. Tīresiam vidēre volō."

erat **prophēta**,[2] Tīresiās, quī nōn vidēbat. Tīresiās hominēs nōn vidēbat. terram nōn vidēbat. manum nōn vidēbat. animō tamen Tīresiās multa vidēbat.

māter et pater ad Tīresiam

---

[1] tam . . . ut: *so . . . that*
[2] prophēta: *prophet*

Narcissum ferēbant. Tīresiās Narcissum nōn vidēbat; eum tamen cēpit et multa dē Narcissō dīxit.

"Narcissus pulchrior quam omnēs hominēs est, et multa habēbit, nisi sē **nōverit**."[3]

māter et pater miserī Narcissum dē Tīresiā cēpērunt. miserī domum eum ferēbant. "possumusne Tīresiae crēdere?" miserī Narcissum vidēbant. miserī domum vidēbant. māter et pater **speculum**[4] vidēbant. in speculō sē vidēbant. in

---

[3] nōverit: *gets to know* (*si se non noverit* is a direct quote of Tiresias' speech in *Ov. Met.* 3.346; it has been slightly altered here to reduce the unique word count.)

[4] speculum: *mirror*

speculō Narcissum vidēbant. poteratne Narcissus sē in speculō vidēre? poteritne sē **nōscere?**[5]

et māter speculum cēpit— et dē domō sē ferēbat. pater mātrem sequēbātur. māter speculum relīquit et domum sē ferēbat. pater sequēbātur mātrem.

māter et pater Narcissum vidēbant. iam speculum nōn erat in domō. iam Narcissus sē nōscere nōn poterit. nōn

[5] nōscere: *to get to know*

iam miserī erant.

Narcissus vir

et Narcissus vir pulcherrimus fīēbat. omnēs hominēs eum amābant. et mulierēs et virī eum amābant. saepe Narcissus dē domō sē ferēbat, saepe et mulierēs et virī eum sequēbantur.

"Narcisse, tē amō!"

"Narcisse, pulcherrimus es!"

"Narcisse, deus meus es!"

"Narcisse, nihil est nisi tū!"

Narcissus tamen mulierēs et virōs nōn amābat. omnēs eum pulcherrimum esse dīcēbant. et omnēs miserī erant quia Narcissus eōs nōn amābat.

"Narcisse, quem tū amās?" mulier manūs Narcissī cēpit.

"pulchra sum—pulchrior quam omnēs in terrā meā."

Narcissus mulierem vīdit. mulier erat pulchra. Narcissus tamen crēdidit sē pulchrior esse. nihil dīxit. nihil dīcere voluit.

mulier misera erat. "Narcisse, dīc mihi! amā mē!"

"quae est ista mulier?! eam amāre nōn possum." Narcissus mulierem relīquit. ad **silvam**[1] sē ferēbat. dē virīs et mulieribus esse voluit.

Narcissus silvam amābat. saepe ad silvam sē ferēbat. silva locus **bonus**[2] erat—nōn

[1] silvam: *forest*
[2] bonus: *good*

mulierēs in silvā erant; nōn virī in silvā erant.

alia tamen in silvā erat. alia Narcissum sequēbātur. Narcissus eam nōn vidēbat; alia tamen Narcissum vidēbat et amābat.

silva

erat vir in silvā. vir pulcher erat. tam pulcher erat ut nympha eum habēre vellet. tam pulcher erat ut nympha eum capere vellet. tam pulcher erat ut nympha eum amāret. tam pulcher erat ut nympha eum sequerētur.

nihil pulchrius quam

virum esse nympha crēdidit. virum pulcherrimum esse nympha dīcere volēbat. virum pulchriōrem quam deum esse nympha dīcere volēbat.

sē virum amāre nympha dīcere volēbat. nympha nihil dīxit.nympha tamen virum sequēbātur.

vir in silvā sē ferēbat.

nympha eum sequēbātur; vir eam ad alium locum in

silvā dūcēbat. nympha manūs virī vidēbat. manūs pulcherrimae erant. nympha manūs capere volēbat. manūs tamen nōn cēpit. nympha misera manūs vidēbat et virum sequēbātur.

vir eam ad alium locum in silvā dūxit.

vir pulcherrimus erat.

virum dīcere nympha volēbat, et virō dīcere nympha volēbat. vir tamen nōn dīxit.

nympha miserrima erat.

tam pulcher erat ut ea dīcere vellet. dīcere volēbat, tamen nōn poterat.

nisi vir dīceret, nympha dīcere nōn posset.

VŌX

Narcissus ad alium locum in silvā sē ferēbat. ad silvam sē ferēbat quia dē hominibus esse volēbat.

Narcissus nihil vidēbat; tamen mulierem sē secūtum esse crēdidit. "quae in silvā est?"

Ēchō, nympha, nōn misera erat et dīxit,

"in silvā . . .

in silvā . . .

in silvā!"

quia Narcissus dīcēbat, ea dīcere poterat.

Narcissus quae dīceret vidēre volēbat, nihil tamen vidēre poterat.

"esne deus? esne dea?"

"dea . . .

    dea . . .

        dea . . ."

Narcissus in silvā vīdit; nihil tamen vīdit—nōn deam et nōn deum vīdit. "quae mē sequitur?"

"mē sequitur . . .

    mē sequitur!"

et **vōce**[1] Ēchō Narcissum dūxit.

Narcissus vōcem sequī nōlēbat. "fer tē ad mē! tē vidēre volō!"Narcissus vōcem sequī nōlēbat. "fer tē ad mē! tē vidēre volō!"

"volō . . .

volō . . .

volō!"

---

[1] vōce: *with (her) voice*

Ēchō ad Narcissum sē ferēbat et amābat. nihil dīxit; nisi Narcissus dīceret, nympha dīcere nōn posset.

nympha tamen nōn misera erat. Ēchō Narcissum eam amāre crēdidit. Narcissus tam pulcher erat ut Ēchō manūs Narcissī caperet et virum amāret.

Narcissus tamen Ēchōn nōn amābat.

"quae est ista mulier?! ista

nympha quae manūs meās cēpit? quae es, nympha?"

Ēchō misera erat.

"nympha . . .

nympha . . .

nympha."

"quam tū sum pulchrior."

Narcissus Ēchōn in silvā relīquit.

"pulchrior . . .

pulchrior . . .

pulchrior . . ."

Ēchō Narcissō dīcere voluit; nympha tamen pulchriōrem **tantum**[2] dīcere poterat.

Narcissus nympham in silvā relīquit et ad alium locum in silvā sē ferēbat.

---

[2] tantum: *only*

Ēchō eum nōn sequēbātur. miserrima, nympha **nōn sē movēbat**.[3] nympha nōn sē movēre poterat, et nōn sē movēre volēbat.

nympha nihil habēbat quia ea Narcissum nōn habēbat. Ēchō in silvā nōn sē movēbat, nōn dīcēbat, et nihil volēbat.

Ēchō nihil fīēbat—nihil nisi vōx fīēbat. iam vōx

---

[3] nōn sē movēbat: *was not moving herself*

Ēchou[4] omnēs hominēs sequitur. iam vōx dīcere nōn potest, nisi homō dīcit.

---

[4] Ēchou: *of Echo*

flōs

in aliō locō, Narcissus erat
miser quia tam pulcher erat
ut aliōs amāre nōn posset.
"pulchrior sum quam omnēs
hominēs et nymphae! quem
amābō?"

in locō **fōns**[1] pulcher erat.
Narcissus fontem vīdit et

---

[1] fōns: *fountain*

bibere[2] voluit.

quia vir bibēbat, in fonte vidēbat. quia Narcissus in fonte vidēbat, hominem in fonte vīdit. homō erat pulcherrimus et Narcissus hominem amābat.

"ō! pulcher es! pulchrior quam omnēs hominēs es! pulchrior quam omnēs nymphae es! tē amō!"

Narcissus dīxit, et homō

---

[2] bibere: *to drink*

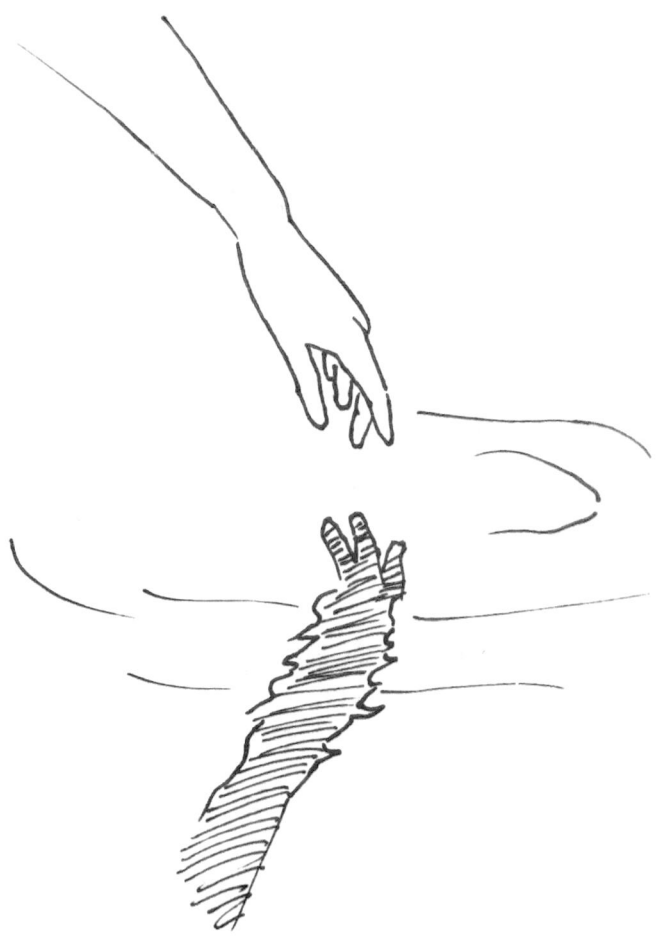

in fonte dīxit. Narcissus
vīdit, et homō in fonte vīdit.
Narcissus hominem capere

et habēre volēbat.

homō tam pulcher erat ut Narcissus manūs hominis capere vellet. Narcissus tamen nōn manūs hominis cēpit; nihil nisi fontem cēpit.

Narcissus erat miser et homō in fonte erat miser. Narcissus hominem eum amāre crēdidit, et Narcissus hominem amābat. Narcissus tamen hominem habēre nōn poterat.

Narcissus tam miser erat ut nōn sē movēret—nōn sē movēre posset.

Narcissus fontem et hominem vidēbat, et homō Narcissum vidēbat.

"ō! nihil est nisi tū. deus meus es, pulcherrime vir. tē nōn relinquam. ad alium locum mē nōn feram. tē vidēbō, tē amābō. fōns est ante tē; ego tamen tē videō et amō et nōn relinquō."

Narcissus dē fonte nōn sē ferēbat. nōn sē movēbat. in fonte Narcissus sē vidēbat et miser sē amābat. tam miser erat ut nihil fierī vellet.

Narcissus tamen nihil nōn fīēbat. **flōs**[3] fīēbat. flōs pulcherrimus fīēbat, quī iam in fonte videt.

---

[3] flōs: *flower*

Index Verbōrum

A[1]

ad: *to*

alia: *another*

aliās: *other*

aliō: *another*

aliōs: *others*

alium: *another*

amā: *love!*

amābant: *they were loving*

amābat: *was loving*

amābō: *I will love*

amāre: *to love, loved*

amāret: *loved*

amās: *you love*

amō: *I love*

animō: *with (his) mind*

animus: *mind*

ante: *before*

B

bibēbat: *was drinking*

bibere: *to drink*

bonus: *good*

C

capere: *to seize, take*

caperet: *seized, took*

cēpērunt: *they seized, took*

cēpit: *seized, took*

crēdere: *to believe, trust*

crēdidī: *I believed, trusted*

crēdidit: *believed, trusted*

crēdō: *I believe, trust*

D

dē: *about, away from*

dea: *goddess*

deae: *of the goddess*

deam: *goddess*

deās: *goddesses*

deōrum: *of the gods*

deum: *god*

deus: *god*

dī: *gods*

dīc: *talk!*

dīc mihi: *talk to me!*

dīcēbant: *they were saying*

dīcēbat: *was speaking*

dīcere: *to speak, say*

dīceret: *might speak*

dīces: *you say*

dīcit: *talks, speaks, says*

dīxit: *said*

---

[1] Meanings are listed according to a word's usage in this book. For example, the ablative form *silvā* is only used in the prepositional phrase *in silvā*. Its meaning is thus listed as "forest."

domō: *house*
domum: *house, to the house*
dūcēbat: *was leading*
dūcere: *to lead*
dūxit: *led*

E

ea: *she*
eam: *her*
Ēchō: *Echo*
Ēchōī: *to Echo*
Ēchōn: *Echo*
Ēchou: *of Echo*
ego: *I*
eōs: *them*
erant: *they were*
erat: *was*
es: *you are*
esne: *are you?*
esse: *to be, is, was*
  esse dīcēbant: *they were saying that he was*
  esse nympha crēdidit: *the nymph believed that he was, trusted that he was*
est: *is*
et: *and*
eum: *him*

F

fer: *bring! carry! show!*
feram: *I will bring, carry*
ferēbant: *they were bringing, carrying*
ferēbat: *was bringing, carrying*
fīēbat: *was becoming*
fierī: *to become*
flōs: *flower*
fōns: *fountain*
fonte: *fountain*
fontem: *fountain*

H

habēbat: *was having, had*
habēbit: *will have*
habēre: *to have*
hominem: *human, person*
hominēs: *humans, people*
hominibus: *humans, people*
hominis: *of the human, person*
homō: *human, person*

I

iam: *now, already*
in: *in, into, on*
Iove: *Jupiter*
Iovem: *Jupiter*

ista: *that*
Iūnō: *Juno*
Iūnōnem: *Juno*
Iūnōnī: *to Juno*
Iuppiter: *Jupiter*

L

locō: *place*
locum: *place*
locus: *place*

M

manum: *hand*
manūs: *hands*
māter: *mother*
mātrem: *mother*
mē: *me, myself*
   mē nōn feram: *I will not bring myself (i.e., go)*
mea: *my*
meā: *my*
meās: *my*
meus: *my*
mihi: *to me*
miser: *poor, unfortunate, wretched*
misera: *poor, unfortunate, wretched*
miserī: *poor, unfortunate, wretched*

miserrima: *most unfortunate, very unfortunate; most wretched, very wretched*
movēbat: *was moving*
movēre: *to move*
movēret: *to move*
   ut nōn sē movēret: *so that he was not able to move*
mulier: *woman*
mulierem: *woman*
mulierēs: *women*
mulieribus: *women*
multa: *many (things)*
multīs: *many*

N

Narcisse: *o Narcissus!*
Narcissī: *of Narcissus*
Narcissō: *Narcissus, to Narcissus*
Narcissum: *Narcissus*
Narcissus: *Narcissus*
nihil: *nothing*
nisi: *if not, unless, except*
   nisi vir dīceret: *unless the man spoke*
nōlēbat: *was not wanting*
nōn: *not*
nōscere: *to get to know*

nōverit: *will have known*
  nisi sē nōverit: *unless he gets to know himself*
nympha: *nymph*
nymphae: *nymphs*
nympham: *nymph*

O

omnēs: *all*

P

pater: *father*
patrem: *father*
posset: *could not, was not able*
  nympha dīcere nōn posset: *the nymph could not speak*
  ut aliōs amāre nōn posset: *that he wasn't able to love others*
  ut . . . nōn sē movēre posset: *that he wasn't able to move himself*
possum: *I am not able, can't*
possumusne: *are we able? can we?*
post: *behind*
poterat: *was able, could*

poteratne: *was he able? could he?*
poterit: *will be able*
poteritne: *will he be able?*
potest: *is able, can*
prophēta: *prophet*
pulcher: *beautiful*
pulcherrimae: *very beautiful, most beautiful*
pulcherrime: *o very beautiful! o most beautiful!*
pulcherrimum: *very beautiful, most beautiful*
pulcherrimus: *very beautiful, most beautiful*
pulchra: *beautiful*
pulchrior: *more beautiful*
pulchriōrem: *more beautiful*
pulchrius: *more beautiful*
pūnīre: *to punish*
pūnīverat: *had punished*

Q

quae: *who*
quam: *how, than*

pulchrior quam omnēs
hominēs: *more
beautiful than all
humans*
quam pulcher: *how
beautiful*
quem: *whom*
quī: *who*
quia: *because*

R

rēbus: *things*
rēgīna: *queen*
rēgīnae: *to the queen*
rēgīnam: *queen*
relinquam: *I will
relinquish, leave,
abandon*
relinquō: *I relinquish,
leave, abandon*
relīquit: *relinquished, left,
abandoned*
rēx: *king*

S

saepe: *often*
sē: *himself, herself,
themselves, she, him*
mulierem sē secūtum
esse crēdidit: *he
believed that a
woman followed him*

sē ferēbat: *was bringing
himself, herself (i.e.,
was going, moving)*
sē virum amāre
nympha dīcere
volēbat: *the nymph
was wanting to say
that she loved the man*
ut . . . nōn sē movēre
posset: *that he wasn't
able to move himself*
secūtum esse: *followed*
sequēbantur: *they were
following*
sequēbātur: *was following*
sequerētur: *was following*
sequī: *to follow*
sequitur: *follows*
silva: *forest*
silvā: *forest*
silvam: *forest*
speculō: *mirror*
speculum: *mirror*
sum: *I am*

T

tam: *so*
tam . . . ut: *so . . . that*
tam pulcher erat ut: *he
was so beautiful that*
tamen: *yet, however*
tantum: *only*

tē: *you, yourself*
terrā: *land, earth*
terram: *land, earth, ground*
tibi: *to you, you*
    tibi crēdidī: *I believed you, trusted you*
    tibi nōn crēdō: *I don't believe you, trust you*
Tīresiā: *Tiresias*
Tīresiae: *Tiresias*
Tīresiam: *Tiresias*
Tīresiās: *Tiresias*
tū: *you*

U
ut: *that*
    tam . . . ut: *so . . . that*

V
velint: *they were wanting*
velle: *wanted*

dīxit sē Iūnōnī dīcere velle: *she said that she wanted to speak to Juno*
vellet: *wanted*
vidēbant: *they were seeing, saw*
vidēbat: *was seeing, saw*
vidēbō: *I will see, look at*
videō: *I see, look at*
vidēre: *to see, look at*
videt: *sees, looks at*
vīdit: *saw, looked at*
vir: *man, the man*
virī: *men, of the man*
virīs: *men*
virō: *to the man*
virōs: *men*
virum: *the man*
vōce: *with (her) voice*
vōcem: *voice*
volēbat: *was wanting, wanted*
volō: *I want*
voluit: *wanted*
vōx: *voice*

About Storybase Books

Storybase Books publishes books that help beginners learn Latin and Greek by reading.

Our novellas use limited vocabulary to tell engaging stories that are accessible to novice- and intermediate-level readers. Meanings for many words are provided in footnotes, and a full index of all words, word forms, and phrases is included in each novella. Readers can thus read each novella on their own, with others, or with a class.

For all of our novellas, tiered readers, and other books, please visit:

www.storybasebooks.com

Novellas for Latin I

Latin II

Latin III and IV

and...

Greek Novellas!

coming in 2025

About the Author

Rachel Ash (M.A., University of Florida) has taught Latin for over two decades in Oklahoma, Texas, Georgia, and online. She has also served on local, state, and national boards for modern and classical languages. She spends her evenings sewing costumes, tooling leather, and 3D printing in the perfect geek laboratory, which she built with her husband. Her favorite Latin author is Pliny the Elder, and she will fight you for his honor.